FRISCHE
KRÄUTERDRINKS

HILDEGARD
MÖLLER

FRISCHE KRÄUTER DRINKS

Jan Thorbecke Verlag

VERLAGSGRUPPE PATMOS

PATMOS
ESCHBACH
GRUNEWALD
THORBECKE
SCHWABEN
VER SACRUM

Die Verlagsgruppe
mit Sinn für das Leben

Die Autorin

Hildegard Möller lebt in Münster und war nach ihrem Studium Inhaberin und Küchenchefin zweier Gastronomiebetriebe. Seit einigen Jahren setzt die Ökotrophologin ihr kreatives Handwerk am Schreibtisch fort. Als Kochbuchautorin und Food-Journalistin schreibt und kocht sie mit Leidenschaft. Zu Hause experimentiert sie gerne mit Produkten aus ihrem eigenen Garten, wo von Apfel bis Zitronenmelisse alles wächst. Bei Thorbecke erschien von ihr bereits „Limo, Brause & Spritz".

Für die Verlagsgruppe Patmos ist Nachhaltigkeit ein wichtiger Maßstab ihres Handelns. Wir achten daher auf den Einsatz umweltschonender Ressourcen und Materialien.

Alle Rechte vorbehalten
© 2019 Jan Thorbecke Verlag,
ein Unternehmen der Verlagsgruppe Patmos
in der Schwabenverlag AG, Ostfildern
www.thorbecke.de

Gestaltung: Finken & Bumiller, Stuttgart
Fotos: Nathalie Wolff, Finken & Bumiller, Stuttgart
Druck: Grafisches Centrum Cuno GmbH & Co. KG, Calbe
Hergestellt in Deutschland
ISBN 978-3-7995-1285-5

INHALT

Vom Kräuterbeet ins Glas

7

Bar-Know-How für zu Hause

8

Arbeitsgeräte

9

Die Rezepte

Kräuterdrinks mit Alkohol

10

Kräuterdrinks ohne Alkohol

38

Register

64

VOM KRÄUTERBEET
INS GLAS

Nicht nur beim Kochen sind frische Kräuter der Hit, sondern auch Barkeeper sind auf den Geschmack gekommen und mixen Drinks mit Basilikum, Rosmarin & Co. Dieser neue „Cuisine Style" hat sich mittlerweile in der Barszene fest etabliert und beschreibt den Einsatz von Zutaten, die eigentlich in der Küche Verwendung finden. Trendige Cocktails, spritzige Limos und fruchtige Bowlen sind in einer ganz neuen Geschmacks- und Aromenwelt angekommen, denn Thymian, Salbei und Melisse sorgen für eine unglaublich leckere Note! Die innovativen Drinks mit extra viel Aroma prickeln am Gaumen – mal sanft, mal anregend, aber immer aufregend – und sind ein garantiertes Highlight auf Ihrer Party. Ob geschüttelt oder gerührt: Für Gartenfeste, Mädelsabende oder nette Runden mit Familie und Freunden versprechen die coolen Kräuter-Drinks aus der eigenen Hausbar den ganz besonderen Pfiff. Überraschen Sie Ihre Gäste doch mal mit einem aromatischen Orangen-Thymian-Daiquiri oder mit einem duftenden Himbeer-Basilikum-Spritz. In diesem Buch verrate ich Ihnen angesagte neue Kombinationen mit und ohne Alkohol; außerdem erfahren Sie, welche Werkzeuge und Zutaten Sie unbedingt im Haus haben müssen.

Viel Freude beim Mixen und Genießen!
Hildegard Möller

BAR-KNOW-HOW FÜR ZU HAUSE

DAS „WHO'S WHO" DER KRÄUTER Zum Mixen kann eine Vielzahl frischer Kräuter eingesetzt werden: Thymian, Rosmarin, Basilikum, Salbei, Estragon und Koriandergrün sind typische Küchenkräuter und geben den Getränken einen würzig-aromatischen Geschmack. Minze, Pfefferminze oder Zitronenmelisse wirken erfrischend und machen sich besonders gut in spritzigen Limos und Shakes. Für ausgefallenen Trinkgenuss sorgen nicht alltägliche Kräuter wie Lavendel, Kapuzinerkresse und Zitronengras.

BESTE ZUTATEN Für alkoholische Getränke sollte man auf jeden Fall hochwertige Spirituosen verwenden – Kopfschmerzen sind sonst vorprogrammiert. Für den optimalen Trinkgenuss sollten Obst und Kräuter zudem möglichst frisch sein. Kommen Zitrusfrüchte in die Drinks, sollte man darauf achten, dass die Schalen unbehandelt sind. Welke Kräuter gehören ebenfalls nicht in frisch gemixte Drinks, denn sie haben bereits deutlich an Farbe und Aroma verloren.

DEKO – OHNE GEHT'S NICHT! Hauptzutat für die Dekoration sind Kräuterzweige und -blüten, die in das Glas gesteckt werden. Früchte am besten immer ganz frisch aufschneiden, damit sie ihr appetitliches Aussehen behalten. Für das Aufspießen von Obststückchen, Beeren oder Oliven bieten sich Cocktailspießchen oder Zahnstocher an. Trinkhalme, am besten dicke, die Sie je nach Glas auf die passende Länge kürzen, dürfen natürlich nicht fehlen. Wer Zeit und Lust hat, verziert den Rand des Glases noch mit einem Zuckerrand. Dafür wird der Glasrand mit einem Zitrusfrüchte-Schnitz eingerieben und dann in Zucker gedreht.

EISWÜRFEL ODER ZERSTOSSENES EIS? Zum Mixen im Shaker werden Eiswürfel benötigt, damit das Getränk nicht so stark verwässert. Eine Reihe von Mixgetränken aber wird auf zerstoßenem Eis (Crushed Ice) serviert, das sich schnell mithilfe eines Ice-Crushers aus Eiswürfeln herstellen lässt. Alternativ können Sie eine kleinere Menge Eiswürfel in einen Gefrierbeutel geben, mit einem Handtuch umwickeln und das Eis mit einem Hammer oder Nudelholz zerkleinern. Für eine große Party kaufen Sie am besten Eiswürfel und Crushed Ice an der Tankstelle, im Super- oder Getränkemarkt ein.

KLEINE GLÄSERKUNDE Ob mit oder ohne Alkohol – die Drinks in diesem Buch dürfen in alles gefüllt werden, was passt und gut aussieht. Wer hat, nimmt ganz klassisch Longdrink- oder Highballgläser, Tumbler und Cocktailschalen. Auch Wein-, Bier- und Sektgläser eignen sich für viele Getränke. Dekorativ und hip sind auch ausgediente, formschöne Milch-, Joghurt- oder Marmeladengläser. Reinigen Sie diese Gläser gründlich und verwenden Sie sie wieder!

HAUPTSACHE GROSS: KARAFFEN, PITCHER & CO. Für Sangria, Bowle, Limonade oder Aromawasser sind Glaskaraffen, Pitcher, Getränkespender oder auch traditionelle Bowleschüsseln die richtige Wahl. Alte Kaffee- oder Teekannen aus Glas sind ebenfalls geeignet und werden garantiert in den Blickfang Ihrer Gäste geraten. Flaschen mit Bügel- oder Twist-off-Verschluss eignen sich besonders gut, wenn Sie Ihre selbst gemachten Drinks zur Party mitnehmen möchten.

ARBEITSGERÄTE

SHAKER Unentbehrlich für Ihre Hausbar ist ein Shaker. Er dient dazu, durch kräftiges Schütteln die flüssigen Zutaten zu vermischen und mit Eiswürfeln zu kühlen. Zur Auswahl stehen hierfür entweder ein dreiteiliger Edelstahlshaker mit integriertem Barsieb oder ein zweiteiliger Boston-Shaker, bestehend aus einem Glas- und Metallteil, für dessen Gebrauch allerdings ein extra Barsieb (Strainer) erforderlich ist.

STÖßEL Zur weiteren Ausstattung gehört ein Stößel, der auch Muddler genannt wird und aus Holz, Granit oder Kunststoff hergestellt wird. Ideal ist ein Stößel mit langem Stiel, sodass die Zutaten in hohen Gläsern oder im Shaker zerdrückt werden können. Für Glaskrüge, Pitcher und Karaffen eignet sich auch ein langer Kochlöffel aus Holz, der bis auf den Boden des Gefäßes reicht.

BARSIEB, BARLÖFFEL & BARMAß Das Barsieb aus Edelstahl trägt an den internationalen Tresen den Namen „Strainer" und wird zum Abseihen verwendet, damit Fruchtstückchen, Kräuter, Kerne und Eiswürfel nicht mit ins Glas gelangen. Ein langstieliger Barlöffel hilft beim Rühren, und zum Abmessen von Flüssigkeiten ist ein Barmaß mit 2 cl- oder 4 cl-Eichung von Vorteil. Alternativ leistet auch ein geeichtes Schnapsglas gute Dienste.

STANDMIXER UND ZITRUSPRESSE Ideal zum Mixen von Fruchtpürees oder anderen schwer mischbaren Zutaten ist ein elektrischer Standmixer. Zum Auspressen von Zitrusfrüchten darf eine Zitruspresse aus Porzellan, Kunststoff oder Edelstahl nicht fehlen. Elektrische Pressen sind in der Handhabung leicht zu bedienen und gewährleisten müheloses und leichtes Pressen der Früchte.

EISWÜRFELBEREITER Zum Einfrieren von Wasser gibt es Eiswürfelbereiter in den verschiedensten Ausführungen aus Kunststoff oder Edelstahl. Super einfaches Entnehmen der Eiswürfel ist mit einem Bereiter aus Silikon möglich. Diese Eiswürfel können einzeln und kinderleicht herausgedrückt werden. Verschließbare Bereiter mit Deckel sind von Vorteil: Der Deckel dichtet in jeder Lage ab, und es wird auf dem Weg zum Gefrierschrank kein Wasser verschüttet.

PFIRSICH-BOWLE

MIT ROSMARIN UND CRANBERRYS

Für 8 Gläser à 200 ml

4 reife Pfirsiche
1 Bio-Zitrone
3 EL heller Rohrohrzucker
8 cl Orangenlikör
6 Zweige Rosmarin
50 g Cranberrys
0,75 l Roséwein
0,75 l gekühlter Rosésekt

Besonderes Zubehör
Bowlegefäß oder Glaskaraffe

Zubereitungszeit
ca. 20 Minuten + ca. 10 Stunden Wartezeit

1 Die Pfirsiche waschen, halbieren und den Stein herauslösen. Hälften in sehr dünne Spalten schneiden und in ein Bowlegefäß oder in eine Glaskaraffe geben. Die Zitrone waschen und trocken reiben. Die Schale dünn abschälen. 4 EL Saft auspressen. Zitronensaft und -schale, Rohrohrzucker und Likör dazugeben. Alles vorsichtig mischen. Abgedeckt ca. 5 Stunden kalt stellen.

2 Rosmarin waschen, trocken schütteln und mit den Cranberrys zur Pfirsich-Zucker-Mischung geben. Mit Roséwein aufgießen und weitere 5 Stunden kalt stellen.

3 Direkt vor dem Servieren mit Rosésekt auffüllen.

ERDBEER-BASILIKUM-
CAIPIRINHA

Für 1 Glas à 200 ml

70 g Erdbeeren
½ Bio-Zitrone
2 Zweige Basilikum
2 EL heller oder dunkler Rohrohrzucker
5 cl Cachaça

Besonderes Zubehör
Stößel
Crushed Ice
Trinkhalm

Zubereitungszeit
ca. 15 Minuten

1 Die Erdbeeren waschen und den Blütenkelch herausschneiden. Früchte halbieren. Die Zitrone waschen, trocken reiben und in Spalten schneiden. Das Basilikum waschen und trocken schütteln. Die Blätter von den Zweigen zupfen.

2 Die Zitronenspalten mit dem Rohrohrzucker in ein Glas oder in einen Tumbler geben und mit einem Stößel kräftig zerdrücken. Basilikum dazugeben und leicht andrücken. Mit den Erdbeeren vermengen. Zu drei Vierteln mit Crushed Ice auffüllen und mit Cachaça aufgießen. Trinkhalm hineinstecken und sofort servieren.

FROZEN SANGRIA MIT BEEREN
UND ZITRONENMELISSE

Für 4 Gläser à 200 ml

0,4 l trockener Rotwein
500 g gemischte gefrorene Beeren
5 cl Zitronensaft
5 cl Limettensaft
5 cl Orangensaft
10 cl Brandy
6 EL Honig
12 Zweige Zitronenmelisse
Zitronenmelisseblätter und Zitronenscheiben zum Dekorieren

Besonderes Zubehör
Eiswürfelbehälter
Mixer
Eiswürfel nach Belieben
Trinkhalme

Zubereitungszeit
ca. 10 Minuten + ca. 2 Stunden Wartezeit

1. Zunächst 0,1 l Wein in einen Eiswürfelbehälter füllen und ins Gefrierfach stellen. Restlichen Wein beiseite stellen.

2. Die Weineiswürfel in einen Mixer geben. Gefrorene Beeren, Zitronen-, Limetten- und Orangensaft dazugeben. Mit dem übrigem Wein, dem Brandy und dem Honig auffüllen. Die Zitronenmelisse waschen und trocken schütteln. Die Blätter abzupfen und hinzufügen. Alles zusammen für einige Sekunden auf höchster Stufe mixen. In 4 Longdrink- oder Cocktailgläser füllen.

3. Die Sangria mit Zitronenmelisseblättern und Zitronenscheiben dekorieren. Nach Belieben Eiswürfel hinzufügen. Trinkhalme hineinstecken und sofort servieren.

GIN-COCKTAIL MIT RÖST-ZITRONE,
KORIANDER UND ESTRAGON

Für 1 Glas à 200 ml

½ Bio-Zitrone
4 Zweige Estragon
½ TL Koriandersamen
3 cl Gin
2 TL heller Rohrohrzucker
10 cl Sekt
½ TL bunte Pfefferkörner

Besonderes Zubehör
Shaker
Stößel
Eiswürfel
Barsieb

Zubereitungszeit
ca. 15 Minuten

1. Zitronenhälfte waschen, trocken reiben und halbieren. Ein Zitronenviertel in einer heißen Pfanne auf den Schnittseiten je 1–2 Minuten anrösten. Herausnehmen.

2. Estragon waschen und trocken schütteln. 3 Estragonzweige mit Koriandersamen, Gin und Rohrohrzucker in einen Shaker geben. Alles mit einem Stößel zerdrücken. Das übrige Zitronenviertel auspressen und den Saft dazugeben. 6 Eiswürfel hinzufügen und alles zusammen ca. 15 Sekunden kräftig schütteln.

3. Ein Longdrink- oder Cocktailglas mit 4 Eiswürfeln füllen. Den Inhalt des Shakers durch ein Barsieb daraufgießen und mit Sekt auffüllen. Das geröstete Zitronenviertel und die Pfefferkörner hineingeben. Den übrigen Estragonzweig leicht andrücken und hineingeben. Sofort servieren.

ORANGEN-THYMIAN-
DAIQUIRI

Für 1 Glas à 200 ml

3 Zweige Thymian
2 cl frisch gepresster Limettensaft
1 EL heller Rohrohrzucker
6 cl weißer Rum
2 TL bittere Orangenmarmelade
1 Orangenzeste zum Dekorieren

Besonderes Zubehör
Shaker
Stößel
Eiswürfel
Barsieb

Zubereitungszeit
ca. 10 Minuten

1. Glas oder Cocktailschale im Gefrierfach vorkühlen. Thymian waschen und trocken schütteln. 2 Thymianzweige mit Limettensaft und Rohrohrzucker in einen Shaker geben. Mit einem Stößel kräftig andrücken, bis der Thymian seine Aromen abgibt.

2. Rum, Orangenmarmelade und 6 Eiswürfel in den Shaker geben. Den Shaker fest verschließen und ca. 15 Sekunden kräftig schütteln.

3. Den Inhalt des Shakers durch ein Barsieb in das vorgekühlte Glas oder in die vorgekühlte Cocktailschale gießen. Den übrigen Thymianzweig mit dem Stößel kräftig andrücken und hineingeben. Mit einer Orangenzeste dekorieren. Den Drink sofort servieren.

PIÑA COLADA
MIT SALBEI

Für 1 Glas à 250 ml

1 frische Ananasscheibe
5 Salbeiblätter
4 cl weißer Rum
10 cl Ananassaft
6 cl dickflüssige Kokoscreme
 (Cream of Coconut)
Salbeiblätter, Ananasblätter
 und -stückchen zum Dekorieren

Besonderes Zubehör
Eiswürfel
Mixer
Trinkhalm

Zubereitungszeit
ca. 5 Minuten

1 Die Ananasscheibe in Stücke schneiden und in einen Mixer geben. Die Salbeiblätter waschen, trocken tupfen und dazugeben. Rum, Ananassaft, Kokoscreme und 3 Eiswürfel hinzufügen.

2 Alles zusammen im Mixer zu einer luftigen Masse mixen. 4 Eiswürfel in ein bauchiges Glas füllen. Den Inhalt des Mixers daraufgießen. Mit Salbeiblättchen und Ananasblättern verzieren. Die Ananasstücke am Glasrand drapieren. Trinkhalm hineinstecken und sofort genießen.

Gin Fizz mit Gurke
und Basilikum

Für 1 Glas à 250 ml

4 cm Salatgurke
2 cm frischer Ingwer
10 Basilikumblätter
1 EL heller Rohrohrzucker
5 cl Gin
2 cl frisch gepresster Zitronensaft
4 cl Apfelsaft
10 cl gekühltes kohlensäurehaltiges Mineralwasser

Besonderes Zubehör
Shaker
Stößel
Eiswürfel
Barsieb

Zubereitungszeit
ca. 10 Minuten

1. Die Gurke waschen. 3 Scheiben (ca. 2 mm) abschneiden und beiseitelegen. Das restliche Gurkenstück schälen, würfeln und in einen Shaker geben. Den Ingwer schälen, in Scheiben schneiden und dazugeben. Die Basilikumblätter waschen, trocken tupfen und mit dem Rohrohrzucker hinzufügen. Alles zusammen mit einem Stößel zerdrücken.

2. Gin, Zitronen- und Apfelsaft mit 6 Eiswürfeln in den Shaker geben. Den Shaker fest verschließen und 15 Sekunden kräftig schütteln.

3. Ein Longdrink- oder ein Cocktailglas zu drei Vierteln mit Eiswürfeln füllen. Den Inhalt des Shakers durch ein Barsieb daraufgießen. Mit Mineralwasser auffüllen. Die Gurkenscheiben am Glasrand drapieren. Den Drink sofort servieren.

CASSIS-WODKA MIT ROSMARIN
UND HIMBEEREN

Für 1 Glas à 200 ml

2 kleine Zweige Rosmarin
50 g Himbeeren (ersatzweise TK-Himbeeren)
2 cl Cassislikör
2 cl Wodka
1 cl frisch gepresster Limettensaft
10 cl Orangensaft

Besonderes Zubehör
Shaker
Stößel
Eiswürfel
Barsieb

Zubereitungszeit
ca. 10 Minuten

1 Den Rosmarin waschen und trocken schütteln. 1 Rosmarinzweig in einen Shaker geben und mit einem Stößel kräftig andrücken, bis der Rosmarin seine Aromen abgibt. Die Himbeeren dazugeben und nur leicht andrücken.

2 Cassislikör, Wodka, Limettensaft und 4 Eiswürfel in den Shaker geben. Den Shaker fest verschließen und ca. 15 Sekunden kräftig schütteln.

3 Ein Glas oder einen Tumbler mit 4 Eiswürfeln füllen. Den Inhalt des Shakers durch ein Barsieb daraufgießen. Mit Orangensaft auffüllen. Den übrigen Rosmarinzweig mit dem Stößel kräftig andrücken und an die Seite ins Glas stecken. Sofort servieren.

LIMONCELLO MIT PROSECCO,
OLIVE UND THYMIAN

Für 1 Glas à 200 ml

4 Zweige Thymian
1 EL heller Rohrohrzucker
3 cl frisch gepresster Zitronensaft
3 cl Limoncello
10 cl Prosecco
1 grüne Olive

Besonderes Zubehör
Stößel
Eiswürfel
Shaker
Barsieb
1 Holzspieß (ca. 10 cm)

Zubereitungszeit
ca. 10 Minuten

1. Den Thymian waschen und trocken schütteln. 3 Thymianzweige mit dem Rohrohrzucker in eine kleine Schüssel geben. Mit einem Stößel kräftig andrücken, bis der Thymian seine Aromen abgibt. Den Zitronensaft dazugeben. Abgedeckt ca. 30 Minuten ziehen lassen.

2. Die Thymian-Zucker-Zitronenmischung mit dem Limoncello und 4 Eiswürfeln in einen Shaker geben. Den Shaker verschließen und ca. 15 Sekunden kräftig schütteln.

3. Ein Glas oder einen Tumbler mit 4 Eiswürfeln füllen. Den Inhalt des Shakers durch ein Barsieb daraufgießen. Mit Prosecco auffüllen. Die Olive auf einen Holzspieß stecken und hineingeben. Den übrigen Thymianzweig kräftig andrücken und an die Seite in das Glas geben. Sofort genießen.

WEIZENBIER-MOJITO
MIT LIMETTE UND MINZE

Für 4 Gläser à 250 ml

4 Bio-Limetten
8 Zweige Minze
4 EL dunkler Rohrohrzucker
12 cl brauner Rum
2 Flaschen gekühltes Kristallweizen à 0,5 l
Bio-Limettenscheiben und Minzezweige zum Dekorieren

Besonderes Zubehör
Stößel
Crushed Ice

Zubereitungszeit
ca. 15 Minuten

1. Die Limetten waschen, trocken reiben und in Spalten schneiden. Die Minze waschen und trocken schütteln. Die Blätter abzupfen.

2. Limetten, Minze und je 1 EL Rohrohrzucker auf 4 Gläser verteilen. Alles mit einem Stößel andrücken. Rum in die Gläser geben. Zu drei Vierteln mit Crushed Ice füllen. Mit Kristallweizen aufgießen, dabei die Flasche schräg halten und das Bier an der Glaswand langsam herunterfließen lassen. Leicht umrühren. Mit Limettenscheiben und Minzezweigen dekorieren. Sofort genießen.

GUINESS-REFRESHER
MIT ROSMARIN

Für 4 Gläser à 200 ml

16 Bio-Kumquats
8 Zweige Rosmarin
4 EL dunkler Rohrohrzucker
12 cl brauner Rum
8 cl Orangenlikör
0,5 l gekühltes Guiness

Besonderes Zubehör
Stößel
Crushed Ice

Zubereitungszeit
ca. 15 Minuten

1. Die Kumquats waschen, trocken reiben und halbieren. Den Rosmarin waschen und trocken schütteln. Von 4 Zweigen die Nadeln abzupfen.

2. Rosmarinnadeln, Kumquats und je 1 EL Rohrohrzucker auf 4 Gläser verteilen. Alles mit einem Stößel kräftig andrücken. Zu drei Vierteln mit Crushed Ice auffüllen. Mit Rum und Orangenlikör aufgießen. Bis zum Rand mit Guiness auffüllen. Gut umrühren.

3. Restliche Rosmarinzweige mit dem Stößel kräftig andrücken und an die Seite in die Gläser stecken. Den Drink sofort genießen.

TIPP
Anstelle der Kumquats eignet sich auch 1 Bio-Orange. Die Orange hierfür mit Schale in Spalten schneiden und auf die Gläser verteilen. Mit Rosmarin und Rohrohrzucker kräftig andrücken.

ALTBIER-SUNDOWNER
MIT ORANGE UND BASILIKUM

Für 4 Gläser à 300 ml

5 Orangen
  (davon 1 in Bio-Qualität)
20 Basilikumblätter
12 cl Tequila
12 cl Orangenlikör
0,5 l gekühltes Altbier
Basilikumblätter zum Dekorieren

Besonderes Zubehör
Stößel
Eiswürfel
Shaker

Zubereitungszeit
ca. 15 Minuten

1 Die Bio-Orange waschen, trocken reiben und halbieren. Eine Hälfte in Spalten schneiden und für die Dekoration beiseitelegen. Restliche Orangen halbieren. Alle Hälften auspressen. Basilikumblätter waschen, trocken tupfen und auf die Gläser verteilen. Die Blätter mit einem Stößel kräftig andrücken.

2 Die Hälfte des Orangensaftes, des Tequilas und des Orangenlikörs mit 8 Eiswürfeln in einen Shaker geben. Shaker fest verschließen und ca. 15 Sekunden kräftig schütteln. Den Inhalt auf 2 Gläser verteilen. Vorgang für die übrigen 2 Gläser wiederholen.

3 Das Altbier langsam über einen Löffelrücken dazugießen, sodass 2 Schichten entstehen. Mit Orangenspalten und Basilikumblättern verzieren.

HEIDELBEER-ROYAL
MIT MELISSE

Für 4 Gläser à 200 ml

200 g Heidelbeeren
16 Zitronenmelisseblätter
4 TL heller Rohrohrzucker
1 Limette
8 cl Aperol (Bitterlikör)
0,3 l Prosecco
Zitronenmelisseblätter und
  Bio-Limettenscheiben zum
  Dekorieren

Besonderes Zubehör
Stößel
4 Holzspieße (ca. 10 cm)
Crushed Ice
Trinkhalme

Zubereitungszeit
ca. 15 Minuten + 30 Minuten
  Wartezeit

1. Die Heidelbeeren waschen und abtropfen lassen. Die Zitronenmelisseblätter waschen und trocken tupfen. Mit der Hälfte der Beeren und dem Rohrohrzucker in eine Schüssel geben. Die Limette auspressen und den Saft hinzufügen. Alles mit einem Stößel zerdrücken, bis der Saft aus den Beeren tritt. Abgedeckt 30 Minuten kalt stellen.

2. Inzwischen die übrigen Heidelbeeren auf Holzspieße stecken. Die Heidelbeer-Zucker-Mischung auf 4 Gläser oder Tumbler verteilen. Zur Hälfte mit Crushed Ice auffüllen. Aperol darübergießen. Leicht umrühren. Mit Prosecco auffüllen. Die Heidelbeer-Spieße hineinstellen. Mit Zitronenmelisseblättern und Limettenscheiben dekorieren. Trinkhalme hineinstecken und sofort servieren.

PFLAUMEN-HOLUNDER-COOLER
MIT SALBEI

Für 4 Gläser à 200 ml

200 g Pflaumen
16 Salbeiblätter
4 TL Rohrohrzucker
4 cl Limettensaft
8 cl Holunderblütenlikör
40 cl Sekt
Salbeiblätter und Bio-Limettenscheiben zum Dekorieren

Besonderes Zubehör
Stößel
Eiswürfel
Trinkhalme

Zubereitungszeit
ca. 15 Minuten + 30 Minuten Wartezeit

1 Die Pflaumen waschen, vierteln und entkernen. Die Salbeiblätter waschen, trocken tupfen und mit dem Rohrohrzucker in eine Schüssel geben. Mit einem Stößel kräftig andrücken, bis der Salbei seine Aromen abgibt. Die Pflaumen und den Limettensaft dazugeben. Abgedeckt 30 Minuten kalt stellen.

2 Die Pflaumen-Zucker-Mischung in 4 Gläser oder Weingläser füllen. Je 4 Eiswürfel dazugeben. Mit Holunderblütenlikör und Sekt auffüllen. Leicht umrühren. Mit Salbeiblättern und Limettenscheiben dekorieren. Trinkhalme hineinstecken und sofort servieren.

ERDBEER-MARGARITA
MIT MARACUJA UND ROSMARIN

Für 1 Glas à 200 ml

2 Zweige Rosmarin
1 EL heller Rohrohrzucker
1 Bio-Limettenspalte
100 g Erdbeeren
6 cl Maracujasaft
6 cl Tonic Water
1 cl Limettensaft

Besonderes Zubehör
Mörser
Mixer

Zubereitungszeit
10 Minuten

1 Den Rosmarin waschen und trocken schütteln. Für die Deko die Nadeln von einem Zweig abstreifen und hacken. Mit dem Rohrohrzucker in einen Mörser geben und fein zerreiben. Die Mischung auf einem kleinen flachen Teller verteilen. Den Rand eines Glases oder einer Cocktailschale mit der Limettenspalte einreiben und im Rosmarin-Zucker drehen.

2 Die Erdbeeren waschen und den Blütenkelch herausschneiden. Erdbeeren mit Maracujasaft, Tonic Water und Limettsaft in einen Mixer geben. Nadeln vom übrigen Rosmarinzweig streifen und mit 4 Eiswürfeln dazugeben. Alles zusammen auf höchster Stufe für einige Sekunden fein mixen. In das vorbereitete Glas füllen. Die Limettenspalte an den Glasrand stecken.

GAZPACHO-SHAKE
MIT BASILIKUM

Für 4 Gläser à 300 ml

1 rote Paprika
1 Salatgurke
20 Basilikumblätter
0,4 l Tomatensaft
4 EL Zitronensaft
Salz
Pfeffer
2–4 TL Tabasco
Basilikumblätter zum Dekorieren

Besonderes Zubehör
Mixer
Eiswürfel

Zubereitungszeit
ca. 15 Minuten

1 Gläser im Gefrierfach vorkühlen. Die Paprika putzen, waschen und in grobe Stücke schneiden. Die Salatgurke schälen, 4 Scheiben (ca. 2 mm) abschneiden und beiseitelegen. Restliche Salatgurke in grobe Stücke schneiden und mit den Paprikastücken in einen Mixer geben. Basilikumblätter waschen, trocken tupfen und hinzugeben. Tomaten- und Zitronensaft hinzugießen. Mit Salz und Pfeffer würzen.

2 Alles zusammen mit 8 Eiswürfeln im Mixer für einige Sekunden auf höchster Stufe fein pürieren. Mit Tabasco würzen. Nochmals kurz pürieren. Den Inhalt auf 4 Gläser verteilen. Mit den beiseite gelegten Gurkenscheiben und Basilikumblättern dekorieren und sofort genießen.

INGWER-TONIC MIT LIMETTE
UND MINZE

Für 4 Gläser à 250 ml

60 g Ingwer
2 Bio-Limetten
80 g heller Rohrohrzucker
4 Zweige Minze
0,75 l gekühltes Tonic Water

Besonderes Zubehör
feines Küchensieb
Stößel
Eiswürfel
Trinkhalme

Zubereitungszeit
ca. 20 Minuten + ca. 2 Stunden Wartezeit

1. Den Ingwer waschen und mit Schale in Scheiben schneiden. Die Limetten waschen und trocken reiben. Die Schalen dünn abschälen, den Saft auspressen.

2. Ingwer, Limettenschalen und -saft sowie die ausgepressten Hälften mit 0,2 l Wasser und dem Rohrohrzucker in einen Topf geben. Die Mischung unter Rühren aufkochen, bis sich der Zucker vollständig aufgelöst hat. Vom Herd nehmen und zugedeckt vollständig auskühlen lassen.

3. Danach die Mischung durch ein Sieb gießen, dabei die Flüssigkeit auffangen und die Limettenschalen und -hälften gut ausdrücken. Die Minze waschen und trocken schütteln. Die Blätter abzupfen, in 4 Weißweingläser verteilen und mit einem Stößel leicht andrücken. Den Ingwersirup dazugeben. Mit je 4 Eiswürfeln und Tonic auffüllen. Trinkhalme hineinstecken und sofort servieren.

MANGO-SMOOTHIE MIT ORANGE
UND KAPUZINERKRESSE

Für 4 Gläser à 250 ml

1 Mango
15 cl Milch
15 cl Orangensaft
150 g Naturjoghurt
12 Kapuzinerkresseblätter
12 Kapuzinerkresseblüten + Kapuzinerkresseblüten zum Dekorieren

Besonderes Zubehör
Eiswürfel
Mixer

Zubereitungszeit
ca. 10 Minuten

1 4 Smoothiegläser im Gefrierfach vorkühlen. Die Mango schälen, das Fruchtfleisch vom Kern lösen, in Stücke schneiden und in einen Mixer geben. Milch, Orangensaft und Joghurt dazugeben. Die Kapuzinerkresseblätter und -blüten waschen und trocken schütteln. Blätter und Blüten hinzufügen.

2 Alles zusammen mit 12 Eiswürfeln im Mixer für einige Sekunden auf höchster Stufe fein pürieren. Den Inhalt in die vorgekühlten Gläser geben. Mit Kapuzinerkresseblüten dekorieren und sofort genießen.

BIRNEN-COCKTAIL MIT TONIC
UND THYMIAN

Für 4 Gläser à 250 ml

2 Birnen
4 TL heller Rohrohrzucker
10 Zweige Thymian
1 Zitrone
0,6 l gekühltes Tonic Water

Besonderes Zubehör
Stößel
Eiswürfel
4 Holzstäbchen (ca. 10 cm)

Zubereitungszeit
ca. 15 Minuten

1. Birnen schälen, vierteln und das Kerngehäuse entfernen. 4 Viertel in grobe Würfel schneiden und auf 4 Cocktail- oder Longdrinkgläser verteilen. Je 1 TL Rohrohrzucker dazugeben.

2. Den Thymian waschen und trocken schütteln. Von 2 Zweigen die Blätter abstreifen und auf die Gläser verteilen. Die Mischung mit einem Stößel zerdrücken, bis eine Art Paste entsteht.

3. Die Zitrone auspressen. Je 4 Eiswürfel in die Gläser füllen. Mit Zitronensaft und Tonic Water aufgießen. Umrühren.

4. Restliche Birnenviertel in dünne Scheiben schneiden. Holzstäbchen am Rand durch die Scheiben stecken und aufgefächert auf den Drink legen. Restliche Thymianzweige mit dem Stößel andrücken und an die Seite ins Glas stecken. Sofort servieren.

LIMO MEDITERRANEO

Für 4 Gläser à 250 ml

4 Zitronen
8 EL Ahornsirup
2 Zweige Rosmarin
1 Zweig Thymian
2 Zweige Minze
10 Salbeiblätter
10 Basilikumblätter
0,8 l gekühltes kohlensäurehaltiges Mineralwasser
Kräuterzweige zum Dekorieren

Besonderes Zubehör
feines Küchensieb
Eiswürfel

Zubereitungszeit
ca. 15 Minuten + ca. 1 Stunde
   Wartezeit

1. Die Zitronen auspressen. Den Saft in einen Topf geben und den Ahornsirup hinzugeben. Rosmarin-, Thymian- und Minzezweige waschen, trocken schütteln und in den Sud legen. Salbei- und Basilikumblätter waschen, trocken tupfen und hinzufügen. Alles zusammen aufkochen. Vom Herd nehmen und zugedeckt vollständig auskühlen lassen.

2. Den Kräutersud durch ein Sieb gießen, dabei die Kräuterzweige kräftig ausdrücken. Den aufgefangenen Sud auf 4 Limogläser verteilen. Je 3 Eiswürfel hinzufügen. Mit Mineralwasser aufgießen. Mit Kräuterzweigen dekorieren.

MINZE-ZITRUS-LIMONADE

Für 1 Glaskaraffe oder 1 Getränkespender (ca. 1 l)

3 Zitronen (davon 2 in Bio-Qualität)
3 Limetten (davon 2 in Bio-Qualität)
4 EL heller Rohrohrzucker
8 Zweige Minze
0,4 l stilles Mineralwasser
0,4 l gekühltes kohlensäurehaltiges Mineralwasser

Besonderes Zubehör

Glaskaraffe oder Getränkespender
Holzlöffel
Eiswürfel

Zubereitungszeit

ca. 15 Minuten + ca. 1 Stunde Wartezeit

1 Zitronen und Limetten waschen und trocken reiben. Jeweils 2 Bio-Zitronen und Bio-Limetten in Scheiben schneiden und in eine Glaskaraffe oder in einen Getränkespender geben. Den Rohrohrzucker dazugeben. Die Minze waschen und trocken schütteln. Die Blätter abzupfen und hinzufügen.

2 Minze, Zitrusfrüchte und Zucker mischen und mit einem langen Holzlöffel kräftig andrücken. Übrige Zitrone und Limette auspressen und den Saft dazugießen. Alles mit stillem Mineralwasser auffüllen und ca. 1 Stunde abgedeckt ziehen lassen.

3 Danach die Limonade mit Eiswürfeln und kohlensäurehaltigem Mineralwasser auffüllen. Sofort servieren.

APRIKOSEN-ORANGEN-WASSER
MIT LAVENDEL

Für 1 Glaskaraffe oder 1 Getränkespender (ca. 1 l)

1 Bio-Orange
8 Zweige Lavendel (alternativ 4 TL getrocknete Lavendel-blüten)
4 Aprikosen
0,5 l Orangensaft
0,5 l gekühltes kohlensäurehaltiges Mineralwasser

Besonderes Zubehör
Glaskaraffe oder Getränke-spender
Holzlöffel
Eiswürfel

Zubereitungszeit
ca. 15 Minuten + ca. 45 Minuten Wartezeit

1 Die Orange heiß abwaschen, trocken reiben und in Spalten schneiden. In eine Glaskaraffe oder in einen Getränkespender geben. Den Lavendel waschen und trocken schütteln. Die Blüten von den Zweigen streifen und dazugeben. Alles mischen und mit einem langen Holzlöffel leicht andrücken.

2 Die Aprikosen waschen und trocken tupfen. Die Früchte halbieren und entkernen. Hälften in Spalten schneiden und hinzufügen. Orangensaft dazugießen. Ca. 45 Minuten abgedeckt ziehen lassen. Danach mit Eiswürfeln und Mineralwasser auffüllen. Sofort servieren.

HOLUNDER-BUTTERMILCH-SHAKE
MIT ZITRONENMELISSE

Für 4 Gläser à 250 ml

0,4 l Buttermilch
0,6 l gekühlter Holunderbeerensaft
4 EL flüssiger Honig
4 Zweige Zitronenmelisse
Zitronenmelisseblätter zum Dekorieren

Besonderes Zubehör
Mixer
Eiswürfel
Trinkhalme

Zubereitungszeit
ca. 10 Minuten

1 Smoothiegläser im Gefrierfach vorkühlen. Die Buttermilch in einen Mixer geben. Den Holunderbeerensaft dazugießen. Den Honig hinzufügen. Die Zitronenmelisse waschen und trocken schütteln. Die Blätter abzupfen und dazugeben. 12 Eiswürfel hinzufügen. Alles zusammen für einige Sekunden auf höchster Stufe schaumig pürieren.

2 Den Inhalt in die vorgekühlten Gläser geben. Mit Zitronenmelisseblättern verzieren. Trinkhalme hineinstecken und sofort servieren.

HIMBEER-SPRITZ
MIT BASILIKUM UND MINZE

Für 1 Glaskaraffe (ca. 1 l)

2 Bio-Zitronen
4 Zweige Basilikum
4 Zweige Minze
200 g Himbeeren (ersatzweise TK-Himbeeren)
8 EL flüssiger Honig
0,4 l stilles Mineralwasser
0,4 l gekühltes kohlensäurehaltiges Mineralwasser
Basilikum- und Minzeblätter zum Dekorieren

Besonderes Zubehör
Glaskaraffe
Holzlöffel
Eiswürfel

Zubereitungszeit
ca. 15 Minuten + ca. 45 Minuten Wartezeit

1. Die Zitronen waschen, trocken reiben und in Spalten schneiden. In eine Glaskaraffe geben. Basilikum und Minze waschen und trocken schütteln. Die Blätter abzupfen und dazugeben. Alles mischen und mit einem langen Holzlöffel kräftig andrücken.

2. Die Himbeeren verlesen, waschen und in eine Schüssel geben. Mit einer Gabel leicht zerdrücken. Mit dem Honig vermengen und zur Zitronen-Kräuter-Mischung geben. Mit stillem Mineralwasser auffüllen und abgedeckt 45 Minuten ziehen lassen.

3. Danach mit Eiswürfeln und Mineralwasser auffüllen. Mit Basilikum- und Minzeblättern dekorieren. Sofort servieren.

Joghurt-Drink

mit Frankfurter Kräutern

Für 4 Gläser à 250 ml

2 Bund Frankfurter Kräuter (Schnittlauch, Petersilie, Dill, Kerbel, Liebstöckel, Pimpinelle und Sauerampfer)
500 g Joghurt
0,5 l Milch
1 TL abgeriebene Bio-Zitronenschale
½ TL Cayennepfeffer
Salz
Pfeffer
Kräuterzweige zum Dekorieren

Besonderes Zubehör
Mixer
Eiswürfel

Zubereitungszeit
ca. 10 Minuten

1. 4 Smoothiegläser im Gefrierfach vorkühlen. Schnittlauch waschen, trocken schütteln und grob zerkleinern. Die restlichen Kräuter waschen und trocken schütteln. Die Blätter von den Stielen zupfen.

2. Joghurt und Milch in einen Mixer geben. Die Kräuter mit 12 Eiswürfeln hinzugeben. Alles zusammen auf höchster Stufe für einige Sekunden schaumig pürieren. Mit abgeriebener Zitronenschale und Cayennepfeffer würzen. Mit Salz und Pfeffer abschmecken. Den Inhalt in die vorgekühlten Gläser geben und sofort servieren. Mit Kräuterzweigen dekorieren.

ERDBEER-MELONEN-BOWLE
MIT KERBEL

Für 1 Glaskaraffe oder 1 Bowlegefäß

1 Bund Kerbel
3 Limetten (davon 2 in Bio-Qualität)
4 EL heller Rohrohrzucker
0,75 l heller Traubensaft
250 g Erdbeeren
250 g Cantaloupe-Melone
Kerbelzweige zum Dekorieren

Besonderes Zubehör
Glaskaraffe oder Bowlegefäß
feines Küchensieb
Eiswürfel

Zubereitungszeit
ca. 25 Minuten + ca. 1 Stunde Wartezeit

1 Den Kerbel waschen und trocken schütteln. 1 Limette (keine Bio-Qualität) auspressen. Limettensaft, Rohrohrzucker, Traubensaft und Kerbel aufkochen. Alles ca. 5 Minuten köcheln lassen. Danach den Ansatz vollständig abkühlen lassen.

2 Die Erdbeeren waschen, putzen und in Scheiben schneiden. Die Bio-Limetten waschen, trocken reiben und in Scheiben schneiden. Die Melone schälen, entkernen und würfeln. Erdbeer- und Limettenscheiben mit Melonenwürfeln in eine große Glaskaraffe oder in ein Bowlegefäß geben.

3 Den Kerbelsud durch ein Sieb gießen. Die aufgefangene Flüssigkeit über die Früchte gießen. Ca. 1 Stunde abgedeckt ziehen lassen. Anschließend mit Kerbelzweigen dekorieren und Eiswürfel hinzugeben. Sofort servieren.

GRAPEFRUIT-LIMETTEN-COCKTAIL
MIT SALBEI

Für 4 Gläser à 250 ml

3 rosa Grapefruits
2 Limetten
16 Salbeiblätter
6 EL Agavendicksaft
2 EL heller Rohrohrzucker
4 TL Grenadinesirup
Bio-Limettenscheiben und
 Salbeiblätter zum Dekorieren

Besonderes Zubehör
Mixer
Eiswürfel

Zubereitungszeit
ca. 20 Minuten

1 Grapefruits und Limetten auspressen. Von einer Grapefruit-Hälfte einen kleinen Schnitz abschneiden und beiseitelegen. Den Saft in einen Mixer geben. Die Salbeiblätter waschen, trocken tupfen und dazugeben. Den Agavendicksaft und 16 Eiswürfel dazugeben. Alles zusammen für einige Sekunden auf höchster Stufe mixen, bis die Eiswürfel fein püriert sind.

2 2 EL Zucker auf einem flachen Teller verteilen. Den Rand von 4 Cocktailgläsern mit dem Grapefruitschnitz einreiben. Dann die Glasränder in Zucker drehen, damit ein Zuckerrand entsteht.

3 Den Inhalt des Mixers auf die Gläser verteilen. Jeweils 1 TL Grenadinesirup hineingeben. Mit Limettenscheiben und Salbeiblättern dekorieren. Sofort genießen.

REGISTER

Altbier-Sundowner mit Orange und Basilikum 33
Aprikosen-Orangen-Wasser mit Lavendel 53

Birnen-Cocktail mit Tonic und Thymian 46

Cassis-Wodka mit Rosmarin und Himbeeren 24

Erdbeer-Basilikum-Caipirinha 12
Erdbeer-Margarita mit Maracuja und Rosmarin 38
Erdbeer-Melonen-Bowle mit Kerbel 61

Frozen Sangria mit Beeren und Zitronenmelisse 15

Gazpacho-Shake mit Basilikum 41
Gin-Cocktail mit Röst-Zitrone, Koriander und Estragon 16
Gin Fizz mit Gurke und Basilikum 23
Grapefruit-Limetten-Cocktail mit Salbei 62
Guiness-Refresher mit Rosmarin 30

Heidelbeer-Royal mit Melisse 34
Himbeer-Spritz mit Basilikum und Minze 57
Holunder-Buttermilch-Shake mit Zitronenmelisse 54

Ingwer-Tonic mit Limette und Minze 42

Joghurt-Drink mit Frankfurter Kräutern 58

Limo Mediterraneo 49
Limoncello mit Prosecco, Olive und Thymian 26

Mango-Smoothie mit Orange und Kapuzinerkresse 45
Minze-Zitrus-Limonade 50

Orangen-Thymian-Daiquiri 19

Pfirsich-Bowle mit Rosmarin und Cranberrys 11
Pflaumen-Holunder-Cooler mit Salbei 37
Piña Colada mit Salbei 20

Weizenbier-Mojito mit Limette und Minze 29